곁에 있고 싶어

홍순제 세번째 시집

곁에 있고 싶어

초판 1쇄 발행 | 2023년 12월 15일

지은이 | 홍순제
펴낸이 | 김명숙
펴낸곳 | 책마루

등록 | 제301-2008-133
주소 | 서울 중구 퇴계로235 남산자이 304호
전화 | 02-2279-6729
전송 | 02-2266-0452

ISBN 978-89-98437-23-7

곁에 있고 싶어

책 마 루

• • •
시집을 내면서

한 해 사시절 계절마다
삶의 색깔이 다르듯

봄이면 뒷동산에 올라 진달래꽃 따 먹고
여름이면 냇가에 나가 물장구치고
가을이면 감나무 꼭대기 홍시 털어먹고
겨울이면 논에 물 대어 썰매 타던 짓
엊그제 같은데,

어느덧 미수(米壽)에 이르러
지난 시간 추억 속에서
기록으로 남긴 몇 줄이
이렇게 쌓여 기쁨이 배가 됩니다.

또 앞으로 얼마 남지 않은 생애의 기록이
얼마나 있을지…

창조주에게 감사하면서

(01421)서울특별시
도봉구 해등로 50, 301동 128호(초안산 산방)

홍 순 제 시인

| 차 례 |

[2부]

[3부]

[4부]

[5부]

[6부]

[1부]

하얼빈 역

보았노라, 들었노라, 웃었노라
유쾌, 상쾌, 통쾌
그대는
우리 마음속에 깊이 살아 있다

일어나 걸어라

봄바람 타고 날으리

땅 데워
줄기 물올라
싹 틔울 때쯤 겨울 이긴 봄 오니

나비 날개 말려
쌍으로 나를 때

꽃잎마다
아지랑이
물들어 피는데

때 되었다고
잊지 않고 찾아오니 고마워

얼었던 내 마음,
따스함에 녹아
꿈속에서 함께 춤이라네

봄이 온다네

찬바람 누이고
훈훈함 즐거워 나르는데

노랑꽃 산수유꽃 피니 질투하여
매화도 함께라네

늦은 목련은 꽃잎 크고
향기 고와 자랑일 때
벚꽃 옆에서 좋아 콧노래로 어울린다네

동토의 땅에서 어둠에서 밝음으로
寂寞(적막)에서 幸福(행복)으로 이어져

마음은 저절로 흥겨워 콧노래 부르며
몸은 두둥실 어깨춤으로 춤 추니
아지랑이가 대답일세 좋아라고

4월의 찬가(讚歌)

새싹의 맛을 알고
누름이 푸르름으로 옮겨지니
너도나도 제자리에서 일어나 걸음으로 가네

검은 구름에서 밝아져
하늘은 맑고 희망으로 새겨지니

아장아장 걸음마가
뚜벅뚜벅 나도 모르게 힘을 받네

해마다 오는 4월이건만
유난히 올해 팬데믹에서 벗어나
입마개를 벗고 모두가 반겨 웃으며
합창의 노래로 두둥실

5월의 멋과 맛

강릉 제일강산 경포대의 풍경,
하늘에 솟은 달 하나,
바다에 비춘 달 둘,
호수에 뜬 달 셋,
임의 눈에 박힌 달 넷,
술잔에 오른 달 다섯,

멋은 달 하나이나
맛은 다섯 맛.

향기롭고 곱고, 풍요로우며, 짜릿하다 못해
세상 비춘 밝은 제일강산 맛이라네

유월이면

이렇게 꽃피우니
나도 너도 즐거운 마음 함께

푸르름을 더욱 살찌워 깊게 물들고
행복은 더욱 아름다워라

즐거운 울타리에 가득 채운 보람을
멀리 떠나는 그대의 마음에도
깊이 새겨 드네

아카시아의 향기는 말도 없이
바람 타고 멀리 떠나갔지만

달콤한 입맛은 지남을 맛보게 하니
언제나 즐거운 오늘의 맛이라네

비 내리는 소리

빗소리 밟으며 뚜벅뚜벅
우산 지붕 소리가 요란할 때쯤이면

가로수는 빗소리 노래로 착각하여
더욱 살이 찌는데

마음은 언제나 옛 님 기다리는 생각,
올 사람 없음을 익히 알고 있는데
기다리는 마음은 예나 지금이나
닮아있다네,

언제 들어도 빗소리는 차분한데
모아진 강물의 폭포 소리는 웅장해
힘을 돋우니
비는 언제나 우리에게 생기를 준다네

추심(秋心)

바람에 젖어 가을 하늘 별이 높은데
강물은 옛이야기 싣고 저무니
내 마음 고요를 넘어 꿈에서 노니네

무지개는 저물어 손짓 멀어지고
오색 단풍은 너의 빛 부러워
흰색 겨울로 재촉일세

맴맴 매미 소리는 언제였는지
귀를 의심케 하고
귀뚜라미는 합창으로 연심(緣心)으로…

낙엽은 저 땅 위를 구르니
문풍지 소리가 내 마음으로 파고들어
옛 노래로 합창일세!

시월 상달이 저무니

산들바람은 으스스하고
황금빛 들판은 손발이 바쁘다네

고향 찾을 제비는 짝지어
빨랫줄에 앉아 재잘거리니
벌써 황혼빛 그림자는 일찍이 길어지네

텃밭 붉은 고추는 김칫독을 그리는데
마당 가 감나무에 하나둘 남은 홍시를 보며
할아버지 바지 잡고 손자 떼쓰네

아궁이 장작불은 더욱 포개져
불빛이 화끈한데
사랑방 할아버지는 올겨울 넘길 생각에 헛기침
소리만 높아지니

세월은 그렇게 소리 없이 가고 있다네

가을 낙엽에 내리는 비

높고 푸른 하늘 가리어 내리는 금(金) 비는
세월 못 잡고 오고 있는데

땅에 떨어져 튀는 은(銀)구슬은
보는 이의 마음 어루만져 주니
지난 시간 아쉬워 고개 돌리게 하네

때는 벌써 먼저 알고 저만치
스러 지치는데
낙엽은 무지개 빛깔로 떨어지니
몸은 시나브로[1] 지치니 가을비 원망이야
누가 이기랴

그렇게 세월 저나 나나 모르고 지나도
내일은 약속대로 와
우리에게 풍요를 이루네

1) 모르는 사이에 조금씩

가을 향기(시월 상달을 놓으며)

하늘빛은 점점 맑아 높으니
마음 즐거워
절로 콧노래라

적(赤)
황(黃)
록(綠)
주황(朱黃)
세상 보이는 것 범벅으로 향기로워,

빛의 향 화려하여
오래 간직하고 보고픈 마음 간절,

이내 자기 바람 못 이겨
눈처럼 내리니 밟아도 감칠맛

마음은 벌써 추위를 재촉
아궁이 군불로 들어가니
세월이 야속하여
새해 봄빛이 내 눈에 아롱이네

나락(낟알)

햇빛 고와라
바람은 살포시 새싹 잎사귀를 어루만지니
물은 따스함을 보며 웃음으로 답일세,

먹구름은 살며시 비 내려 채우는데
뿌리는 벌써 뒤엉켜 힘자랑일세

줄기 뻗어 꽃피우니 메뚜기 쌍으로 나르고
나락은 고개 숙여 벌써 단으로 묶이니

한 해의 살림도 풍년 드니
오는 해도 즐겁게 이루리

만추(晩秋)의 바람 맛

홍(紅) 단풍
적(赤) 단풍
맛은 보기 좋은 꿀맛인데
콧등 스치는 바람 맛은
새벽 맛이라네,

흰나비, 노랑나비, 호랑나비는
꽃송이 떨어져
나래를 접었다오

쓸쓸한 빈자리는
가을바람 친구 되어 맞으니
반가우나

찾아올 겨울 찬 바람 생각하니
내 마음 왜 이리도 시린지

그림자 빛

색 없이 검을 뿐이며
바람에 쓰러지지 않고
불에 그슬리지도 않으며
사철을 타지 않는 무궁함이니
누구 하나 밉다 하지 아니하네

해 뜨면 나타나 그대와 함께 있다가
해지면 슬며시 사라졌다가

동네방네 불이 켜지면
네 방 내 방 소리 없이
자기와 함께 살다가

불 끄고 잠들면
자기 하는 말 나도 빛과 함께
곁에 있고 싶어 한다네

자연의 품으로

빨리 와 안기라고
큰 소리로 우리를 부르네

푸르름은 대지의 자산이요
우리는 그를 키우고 가꾸는 머슴이라네

받고만 싶은 우리의 작은 마음을
그는 주고만 싶은 큰 배짱으로

우리를 알리니 모르는 이들
애달파하지만 가는 이는
큰 힘이며 자랑이라네

하늘의 별은 빛나고
구름은 두둥실 바람 타고 나르지만
비 내려 키우니
우리는 함께 그렇게 자란다오

계절의 맛

봄이 오니
아지랑이에 취해
나비는 꽃밭에서 쌍으로 나르고
뭉게구름 넘어 빛 보니
얼었던 마음 녹아 새로운 맛 보네

여름에는
온 세상 푸르름으로 물드니
녹음 부풀어 배를 채우고
소나기 소리 더위를 이기게 하고
매미는 즐거움으로 밤을 지새우네

가을은 온 세상 단풍으로 옷 갈아 입고
하늘은 높고 들은 풍성하니
청춘 남녀 사랑 나누니
앞날 행복에 취해 두둥실…

꽃밭은 은구슬로 맺히고
세월은 눈길로 접어드는데

긴 겨울 지나 새해 옷 갈아 입으니

햇볕은 아직도 차가우나

맑고 밝은 새해 아침의 힘은
더욱 강하게 느껴진다네

황혼의 미소(微笑)

봄볕에 이는 아지랑이는
보는 이의 마음을 따스히 어루만져 주고
지는 해의 붉음은 추억을 노래하네
아침 동트면 세상 일깨워 밝혀주니 힘 솟고
밤이면 하늘 별빛 내일을 약속하니
욕심 내려놓고 즐기며 감사

황소걸음처럼 뚜벅뚜벅
느리게, 여유로우면
세상사 잊게 되고…

조화처럼 살지 말고 생화처럼 살며
고양이로 낳았으나 호랑이같이 산 인생
두려움 없이 환희만 있을 뿐.

잡고만 있지 말고,
두 손 벌려 하늘 보고
태양 보며 큰소리쳐
부끄럽지 않은 삶으로

[2부]

수종사(水鍾寺)의 차(茶) 맛

꼬불 비탈길은 나무 하늘 덮어 그림자뿐이니
세상은 한없이 밝은데 여기는 검을 현(玄)

돌길 따라 이야기꽃 피울 때쯤
고개 들어 쳐다보니 이제부터 해탈문(解脫門)

사바세계 끝냈으니
삼선암 대웅전이라 나도 모르게 숙연(肅然)

염불 소리 끝나니 삼정원에서
녹차 타는 냄새에 취해 맛을 보는데

엷은 안갯속에 보이는 두물머리는
내 손안에 잡히네

세상에 이런 맛 어디에서나 볼까
눈맛 입맛 머리맛 함께 합창하니
나도 모르게 입에서 저절로 덩실덩실….

불러보고픈 이름

당신은 누구냐?
언제나 불러보고픈 당신
참아보지만 눈에 아롱거리기만 하는…

부드러우면서도 용기백배하여
굳게 서 있는…

참으로 우리에게는 잊어서는 안 되는
귀한 이름

같은 핏줄에
오래 같이 살아온 땅
같은 말을 하고
작은 눈에 정이 넘치는
황색으로 빛내는

우리 강산
당신 이름은 조국이라오

당신이시여

당신과의 만남
일상(日常)에서는
실패작으로 느꼈으나

반백 년 넘어
평생을 두고
늘 곁을 지켜주니

제일 걸작인걸

인생 팔십
비로소 대작임을 알게 되네

가마솥이 노구솥 보고 검다네

솥은 언제나 담아 데워 익혀 살리네
바닥은 품어 배부르고 새롭네

달구어지면 다 쏟아부어 깨끗함을 보며
넓은 마음씨로 다음을 약속한다네

아궁이 붉은 장작불은
세월을 이겨 태워 몸 전체를 바치니

이는 언제나 평화일세

자기 눈의 들보는 못 보고 남의 눈의 티끌은 잘 보는 세상
어리석음은 언제나 우리에게 멍에여
밝은 눈으로 세상 볼세라

자연은 우리에게

오르고 내림은 힘의 세력

균형 잡힌 자연은 언제나
느리게 변하여 모습대로
설계대로 진행하는데

우리는 아무도 모르고
자기 욕심대로 쳐다보네

축복일 수도 있고
모자람과 넘치면
서로 마주 쳐다보고 얼굴 붉히는데,
푸르름은 붉음으로 흐려지니
항상 내림은 그이의 몫으로 씩 웃으며
우리를 안아줘
키워 이르게 하네

베개

매일 밤마다 바로 누워 재워도
손주는 모로 누워 베개를 품에 안고 자니

아무리 할머니의
사랑이 지극하여도

엄마의 품보다는 못한 것 같네

할머니가 하는 말

참 딱하이 …
중얼중얼
어서 자라라

천지(天池)에 올라 보니

못(池) 이고 있는 힘
양발 굳게 딛고 섰구나
믿음이 간다네

하늘 첫물 고여
호랑이 새끼 길러 민족의 힘 일으켜

우리의 근원이요 뿌리인 것을
잊고 산 지 한 백 년

내 길로 오르지 못하고
남의 땅 빌려 오르니
서글픔이 하늘을 찌르는데

푸른 물은 반가움보다 서러움 넘쳐
부끄러워 구름으로 가리네

장백산 천지가 아닌 백수나 천지로 맞아주길
나도 모르게 두 손 모아 눈 감고 가슴으로
기도하네

수(壽)

생떼를 쓰네
빨리 문 닫으라고

한 갑자(一甲子)
무탈(無頉)하게 잘 지냈는데
무엇이 그리도 급한지

아직 문(門)고리도 잡지 못했는데
벌써
덜컹 문 닫는 소리가
벼락같이 들리니

먼저 알고 저 멀리 가면서…
어허에 디이에…
이제 가면 언제 오나…
소리 구슬퍼 듣는 이 마음 눈물일세

지혜를 얻는 도전의 길

낫 놓고 기역 자도 모르니
아는 것만큼 보인다는 이야기처럼
아는 것이 힘이라

모르면 억울하고 마음이 무겁다 보니
어두우니 밝음을 찾게 되네

무지에서 알게 됨을 일깨워
깨달아 세상 보는 눈이 뜨이게 되니
너도나도 세월 좀먹지만

먼저 깨달아 노력하는
행동의 길이 새 삶을 얻게 되고
첨단의 길이라오

시간의 주인이 되자

멀리서 찾지 말고 가까이에서
남의 탓 말고 내 마음속에서
낮이면 낮, 밤이면 밤
언제나 나와 함께 있는 것을 잊고 있으니
게으르다는 소리 듣게 된다

찾은 사람은 시간을 쪼개 얻는데
손안에 있는 것을 모르고 사니
꿈을 좇아 깨달아 이루어보자

모양도 없고 맛도 없고
색도 없는 것을 모르니
누구에게도 공평히 주어지는 힘인 것을 알아…

내가 먼저 많이 힘내어 이루면
얻어지니

깨어나라 내가 먼저

나에게 용기란

침묵(沈默)이 의식(意識)의 세계로 향할 때
용기(勇氣) 받아
바닷물이 바람을 얻어 흰 거품 토하듯

누워서 굴지 말고
일어나 첫걸음부터
작은 목표 실천이 약이로다

어머님 내 배꼽 주듯
단절의 세계를 넘어

걷다 보면
세상사 이겨
나도 모르게 해내고 말 것을

주고만 싶어

기쁨이 넘치네요
받음에서 벗어나 주고 나면
너도나도 즐거움이 배가 된다오

자연은 주는 것으로 만족하며
받는 것은 사양이라네

별빛은 반짝임을 주고
해님은 밝음과 따스함을 주니
우리는 그대에게서 배워 사랑을 준다오

보이지는 않으나
크고 넘치며 한 아름의 기쁨을
알게 되니
모두가 함께 주어나 봅시다

미수(米壽)의 락(樂)

네 발로 기다가
두 발 서서 걸은 지 오랜 세월

나도 모르게 세상 즐기니 고마워라
마음의 큰 사랑으로 너를 알고
작은 마음으로 나를 알게 되니

뒤뚱뒤뚱 펭귄처럼 걸어오는 손주의 걸음마가
어려운데도 할아버지~ 하고 부르는 소리는 천금의 소리

과욕을 멀리하고
욕심 버리며
넓은 도량으로 살려고 노력하면

밝은 세상 알게 되고
몸 많이 움직이면 되리라

곁에 있고 싶어

건강 잃으면 다 잃는 삶

너, 나 없이 삶이란
생의 마지막까지 건강으로
살아감이 으뜸인 걸 알면

그 곁에 항상 있고 싶어

누가 뭐래도
웃음 있는
시간 잡아먹는
일 곁에 있고 싶고

낳아주시고
세상에 하나밖에 없는
나를 길러주신
어무이 곁에 있고 싶고,

우리 위해 내 몸까지 주고도 모자라
낮은 곳으로 구원의 길로 오신
그대 세상사 사랑으로 세우니

언제나 항상 그대 곁에 있기를 원하니

고개 숙여 합장으로 기도하며
그대 곁에 있고 싶어

고맙고 고맙소

해마다 늦봄 되면 보릿고개
피(粥)죽으로 연명할 때
난쟁이 통일벼로 먹여 살리고

한양 과거 보러 오던 선비
짚신에 며칠 걸리던 새재 고개
하루면 되고

가진 것 없이 머리만 명석한 백성
배움으로 수출길 터야 산다고
애쓴 보람 철물이 콸콸…

멱살 잡고 너 죽고 나 살자 싸우던 백성
식량, 무기 대어주며 말리던 부자 나라
도움으로 기사회생

오늘에야

반도체, 자동차, 전자제품
하물며 자동차 배터리 공장까지
자국으로 유치하는 세상 되니

국민소득 백 불이 안 되던 나라
일 세기도 되지 않아 오만 불 세대를 바라보게 나라 만든
기초를 닦아준 분 있었으니?

고맙고 고맙소

감사하며 고개 숙입니다

[3부]

웃음

웃음은 기쁨이요 행복이니
항상 얼굴에는 입술 옆으로 슬쩍
넓은 미소는 모두를 즐겁게 하네

사랑 극치의 웃음은

석굴암 자비의 얼굴이요
웃음으로 세상 우리를 안아 이르니…

엄마 젖꼭지 물고 방긋 웃는 웃음은
내려다보고 웃는 어미의 맞불 미소라네

서로가 한마음으로 통하니
세상사 함께 그렇게 웃음 되었으면!

감사하는 마음으로

오늘도 이렇게 살아있음에…
명(命)을 이어 내일을 생각하게 하니

가짐에 행복을 맛보고
마음 부자 언제나…

비 내리면 적시고 눈 내리면 맞고
바람 불면 두둥실 떠나는
은행나무 씨앗처럼 저 멀리 날아오르면

잘 됨도 없이 못 됨도 없이
매일매일 있음에…

보아도 감사하고 안 보아도 감사하는
부자의 마음으로 살아나 보세

빛의 즐거움

낮빛 오르면 세상 그림자 웃음으로 가득
낮빛 구름에 잠기면 낮빛은 서러워
낮빛 지면 별빛 반짝이니 반가워

낮빛 방긋 웃으면 낮빛 따사롭고
낮빛 붉히면 낮빛 어두워지네
낮빛 구름에 잠기면 낮빛 슬퍼진다네

낮빛 오르면 세상사 그림자 웃음으로 가득
낮빛 방긋이 웃으면 낮빛 따사로와 고와라

빛은 밝음이요
밝음은 미래요
미래는 꿈이기에 영원함이라
영원함을 빛으로 물들어
더욱 밝아 사랑으로 깃드네!

누구나 심여수(心如水)

물과 같은 마음
깨끗하고 고운 같은 마음이라네…

버들피리 꺾어 불면
바람은 사랑 노래
입 맞추어 춤추는데
개울물은 나와 함께 즐긴다네

뒷산 봉우리에 걸린 뭉게구름은
고운 꽃 그림자 되어
나의 맘 어루만져 주니
언제라도 같이 가고파…

구름에서 잉태하여
샘에서 태어나 길을 내듯

누구나 세상살이에 이름 있고
발자국 보이듯

우리는 너와 함께 그렇게 가고 있다네

되고 되지

매일 매 때마다 가리지 않고 잘 먹고
수면제 없이도 잘 자고
하루 한 번 용기 있게 잘 버리면 되고

한 침대에 나란히 누워
같은 이불 속에서 같은 생각 꿈꾸며
한 갑자
같이 자고 지내면 되고

손주 인사 오면
주머니 풀어 용돈 쥐여주면
환하게 웃는 얼굴 보면 되고

미수(米壽)에 하루 한두 번 전화 한 통이라도
나눌 수 있는 친구 있으면 되지

산책(散策)

바둑이가 가자고 재촉하네
꼬리 침이 반가워
빛을 만지며 걸으면 따스함을 느끼고
바람 소리 이마를 스치니 건강함을 맛보네

까치가 반갑다고 인사하고
비둘기 울음소리 박자 맞추어
홀로 뚜벅뚜벅 무심의 세계로
나도 모르게 걸음을 옮기니

오늘도 내일도 습관화된
길을 걷고 있으면
새벽 공기
신선함이 나를 일깨우네

서리꽃 눈물

서리꽃
이슬로 피어오르니

흐름에 비춘 맑음은
청심으로 돌아가
사랑 잉태하여
옛이야기 만들고
어느새부터
피기 시작한

그대 머리 눈밭으로 오르니
추억이 멍들어 가네

때 이르니 아침 햇살 질투에
꽃은 눈물 한 방울 뚝 떨구며

천천히
고개 저으며
하는 말 없이

저물어 사라진다네

어부바

어찌하리오
알지도 못하고 무슨 큰 죄 지어
입 틀어막고 하늘길 막는가 했더니…
모이면 거리 두라 하고
집콕이 아니라 방콕[2]이라니

마음은 땅에 떨어져 뒹굴고
낙엽은 떨어져 스산한데…

나 이제 너 어부바[3]하세
길은 몰라도 마음만은 너를 꼭 보내고 싶네

제발 우리 말 들으소서 우기지 말고
어부바하여 고려장(高麗葬) 하고파

나 돌아올 길 나뭇잎 떼어 하나하나
안내하지 않아도 좋으니
제발 맙소사

---

2) 집이나 방에 콕 박혀 있다는 줄임말
3) 어린아이에게 업히라고 할 때 이르는 소리

팬데믹에 걸린 너 가시오 가시오
미련 갖지 말고
뒤돌아보지 말고
멀리멀리 가시오

안녕

지하철 풍경(風景)

꿈이 달려오네
힘찬 목소리로
깨어나 일구라고

모두의 눈이 손끝으로 모이니
미소가 합창일세…

그때
구석 세 자리에 앉은 늙은이들
꾸벅꾸벅 조는데

갑자기
따르릉따르릉 벨 소리에
두 손 함께 귀에 대고
여보세요 여보세요 큰 소리 질러보지만

덜컹덜컹 바퀴 소리가 잡아먹어
듣지 못하고 답답할 때

황혼 역(黃昏驛) 내리세요 하니
도중하차(下車)라네

역마(驛馬)살이 끼어 아리랑(我利郞) 여행(旅行)

아리랑 아리랑 아라리요
아리랑 고개를 넘어간다

Ⅰ.
옥수수 막걸리에 올챙이국수 안주 삼아
찌든 살림에도
젓가락 장단 맞춰 노랫가락은

눈이 오려나 비가 오려나
억수 장마 질라나
만수산 검은 구름이 막 모여든다

정선(旌善) 아리랑 곡조에
아우라지 언니는 강 넘쳐
뗏목 떠내려갈까 걱정이네

Ⅱ.
홍주(紅紬) 석 잔에 붉어진 얼굴
엉터리 우무묵 맛에 취해
넘어가는 맛의 소리는

아리 아리랑 서리서리랑
아라리가 났네
아리랑 응응응 아라리가 났네

진도(珍島) 아리랑은
쌍계사(雙溪寺) 목탁 소리에
운림산방(雲林山房) 허(許) 씨네
먹물 튀긴 작품 세계에 놀라
진도견(珍島犬)이 컹컹 짖어
지켜주네

Ⅲ.
더우나 추우나 얼음골
클래식 막걸리에
취한 흥얼거림은

　날 좀 보소 날 좀 보소 날 좀 보소
　동지선달 꽃 보듯이 날 좀 보소

밀양(密陽) 두 그림자 한 몸 되어
영남루(嶺南樓) 올라
낙동강(洛東江) 흘러가는 소리는
예나 지금이나 사랑 노래라네

십 리도 못 가서 발병 난다

옛 삶터에 서서

쑥대밭이 되었구려
옛 굴뚝 연기와
부엌 냄새는 추억으로 남아 속삭이니
가슴이 무거운데

마당 가 오동나무 위
까마귀 짝 찾는 소리는 여전하니,
그때가 새롭네

추수 마당에 도리깨질 넘어가는 소리는
바람이 대신하고
와텅와텅 타작 소리는 멀리 날아가
메아리치네

마당 갈라져 손 뿌리 캘 일 없어도
풀밭 된 뜰에는
이름 모를 날개 찢어진 나방들만
가는 거미줄에 걸려 파닥이니
애처로움만 가득

그때나 이제나
조상님 차례상 걱정은
항상 마음에 와닿으니
세월 흐름을 알리는구나

성(城) 쌓고 남은 돌(石)

앞, 뒤
보지 않고 열심히 뛰었지

나 살고
우리 살려 세우려고
어둠 뚫고 밝은 맛보려고

허둥대던 때도 있었건만
생각만은 올곧고 올곧아
배고픔도 참고 이겨냈지

이제 세월 깎아 먹고
힘 빠지니
머리에는 서리 내리고
아랫도리 부실해지니

갈 곳 한 곳만 생각하니
쓸쓸,
이제 지난 세월 추억으로 물들어
찾는 이 없으니
허수아비처럼 빈터 지키니
늦가을, 겨울바람이 친구라네

쟁기 메고 가봤자

봄 냄새 일면
벌써 아지랑이 피어오르니
꽃밭에는 노랑나비
쌍으로 날아 한 몸 이루고
따스함에 지쳐 그림자는 조는데

고쟁이[4] 속으로 봄바람 나도 모르게 살살 스며드니
훨훨 날아
꿈에서라도
자손 키울 생각에
부자 마음 가득한데

서방님 쟁기 메고 가봤자
논 아니면 밭인데

왜 이다지도 기다림이 긴고

4) 한복에 입는 여자 속옷의 하나(속속곳 위, 단속곳 안에 입음)

인연(因緣)

그대로 두면 흙이고 풀밭이
알고 지나면 길이 되어 편함을 주네
마음에는 지난 기록이 더움으로 남고
보고픈 마음은 시간이 흐를수록 두꺼워진다네!

우연(偶然)이 아니고
필연(必然)으로 만난 사이

모래알같이 많은 사람 가운데
나와의 사이는 알지 못하는 힘이 있어
이렇게 이 세상 끝까지 함께하니
감사하다는 말밖에 더 있으랴

간담상조(肝膽相照)

코끼리 한 무리가 먼 길을 걷다가
새끼 한 마리 뒤떨어져 죽게 되니
어미는 물론이고 같이 가던 친구
코끼리도 함께 무리를 따라가지 못하고
코로 죽어가는 새끼를 일으켜 세우려고
함께 애쓰는 것을 보고

정말로 동물도 저렇게 함께 가는
마음을 볼 때 감탄 아니 하지 못하겠구나

요즈음 세상 자기만 알고 남은 몰라라
하는 개인주의 자본주의 우리는 어떨까

다시 한번 세 사람의 친구가 아니라
똑 부러진 친구 하나만이라도 있었으면
하늘 쳐다보고 함께 갑시다고
외쳐 본다

있어서는 안 되는 일

전쟁이 단 한 방에 무너지네
울부짖음도 못 본 척

수백 년 쌓은 기록은 흔적도 없이
날아가 버리니 너무나 허망하구먼

나 잘 살자고
너는 죽어야 하는가

사랑으로 구원의 길 열었으나
세상은 아직도 네 편 내 편
갈라놓고
땅따먹기 내기라니
이제는 그만 전쟁은 없어야지

언제라도

민들레 홀씨처럼

날아라 날아라
바람 부는 대로 어디든 못 가랴

푸른 하늘은 너를 보고 반겨 웃고
햇빛은 따스히 어루만져 주네

하늘은 갈 곳을 안내하니
마음 놓고 훨훨 날아
살 곳 찾아 자리를 잡으니

때 되면 싹 틔워 잎 피고
꽃피우니
찾아보는 이 없어도
나는 언제나 노랑, 흰색으로
세상 밝혀준다네

분재(盆栽)의 슬픔

자연(自然)의 멋을 집안으로
숲을 못 보니 나무는 볼 수 있다네

창조(創造)의 재주를 빌려
운치(韻致) 있는 작품을 얻으려고 노력한 흔적
곱지 않고 쓸쓸하네

어찌
묶고, 자르고, 비틀고,
인위적으로
생명을 예술의 세계로
작품을 제작하려 하니
씁쓸함이 앞서 애석함이 밀려오네

자연 고향으로나 보내주었으면…

[4부]

추워야 피는 꽃

세상은 메말라 지워지지만
땅속 깊은 곳에는 고향 꽃향기
그리워 옛 그림자 달래네

나뭇잎 모두 져 가랑잎으로 떨어지니
바람과 함께 덩실 나르는데

가지는 저마다 샅샅하니 깊은 겨울일세

새벽이슬 받아 엮어 고드름 필 때쯤이면
마을 입구에 세운 나무 기러기는
추워 떨며 바람 소리 눈 감는데

상고대 얼음꽃 가지마다
활짝 핀 꽃은 잠깐이나마
보였다가 뚝뚝 떨어지는 눈물로 이별이라네

언제나 지금이

때는 가고 오는 것
어두움은 시나브로 뜨니 해로다
새로움을 맛보겠다고 꿈꾸지만
있음에 반하고 없음에 억울해하지 말고

하늘 구름 흘러가듯 무상(無想)치 말고
차곡차곡 용기 내어 한 걸음부터
새로운 맛을 알아 즐기고
있는 것 닦아 알뜰히 지키면
뫼가 산 되고 태산 되니
잡은 자가 임자 됨이 틀림없어
누구나 갖고있는 것 지금 잡고 키우면
순금보다 귀한 순간
오늘 지금이라네

찰라

너, 나, 모두 얻으려고 애써도
나도 모르게 두둥실 마음 떠있는데
세상은 그렇게 녹록지 않아

피니시 라인(결승점)에 들어가는
찰라 없이 사라지는데 고달프기만 하여
달리기만 한다네

다시 눈 들어 깨어
좀 더 살피다가 보면

우리는 새로운 맛을 볼 수 있는
아름답고 고운 생각으로 누벼지니

용기 내어 일어서리라

뒤돌아 보니

바람이 귀를 스치면서 하는 말
무엇을 얻으리오

한 번 울음으로 빛을 보니

네 발로 기다가
두 발로 걸으면
벌써 세 발로 기대어지니

세월이 알려
분진(粉塵)됨을 무거워 말고
즐거움으로 여행길 떠나라 하니

나도 모르게 홀로 외로이
그렇게 걸음을 지나 저무니
영원한 밝음으로 향하네

언제나 무시로

호수에 구름 그림자 잠기듯 고요를 느끼면
저절로 세상사 잊고 떠도는 나비처럼
훨훨 날면
나도 모르게 비움으로 가득 채우네

하늘에 별은 언제나 깨끗하며
구름으로 이야기하지만 참고 기다리면
제자리를 찾듯 언제나 무시로

내 것으로만 만들려고 애쓰지만
모든 것이 다 네 것이요
생각하면 이렇게도 좋은 걸

싸우면 결과도 없고 모두 다 종말인 것을
알면서 다투니 어리석은 자는
미련함을 가득 채우네

모두 매일 같이 빈 마음을 무시로 비우지 못하네

초안산은 말이 없다

새벽잠을 깨우는 까치 소리에
창문을 열고 쳐다보면

희미한 안갯속에서 열리니
마음속 깊은 곳에
옛 품꾼들의 소리가 들리는 듯
착각 속에 삶이라

천기가 넘는 옛 내시(內寺)분의 무덤은
오늘도 내일도 오고 가는 등산객의
친구가 되어 바라만 보는 듯

침묵의 날이건만
지나는 이의 마음은 고달픔을 이기고
건강을 찾는 건강 길이기에

모든 이의 마음을 녹여 준다네

한여름 연밭 풍경

세상은 푸르름으로 빛을 발하고
보는 이의 마음은 나는 듯
즐거움으로 채워주네

보는 것으로만 모자라
머리로 그림 그리니
나 홀로가 아닌 우리 모두

잎은 햇빛 가리어
여름을 잊게 하고
흙탕물 속에서 줄기 올라
맑고 밝은 꽃피우니

세상사 하나 되어
나무아미타불(南無阿彌陀佛)

우리 소나무

남산 위의 저 소나무 철갑을 두른 듯
늠름함이 그지없고

굽어 백 년 모습이 듣든하니
기개가 있구먼

곧고 끝없이 하늘에 뻗치니
풍성함에 반해
산비둘기 놀이터에 적격이라네

가을바람에 엮은 잎은 다음 세대로
키우는 양분으로 먹여
풍성하니 저절로 배부르고

사시사철 푸르름은
우리의 기상으로
민족혼을 일구네!

반딧불이 부러워

해 떠 낮이면
침대 없고 눈가리개 없어도
남모르게
숲에 숨어 개울 물소리 자장가 삼아
코 골며 잠을 자네

나
별은
어두워져 밤이면 움직일(動力) 힘 없어
걷기, 달리기도 못 하면서
열받아 내일만 오기 바라며 제자리에서 꿈꾸며
산다네

뛰고, 달려, 날면서 춤추는 네가 돋보여
사랑하며 잉태하여 자식까지 두어
오래오래 터를 지켜
문명을 거역하고 살아가는
네가 한없이 부럽고, 대견해
밝음은 어둠을 낳고
어둠은 밝음을 잉태하듯
나는 매일 밤을 눈 밝히며 산다네

눈 감으면

세상은 검어 보이지 않으나
주황색 바탕에
별빛이 노니니
생각 또렷하여 환하게 보이네

지나간 시간은 마음 소리로 알리고
내일은 꿈속에서 재잘거리니
언제나 즐거움과 눈물이 범벅이라네

숨소리는 귀에 들리지 않아도
머리가 먼저 알고 알리니
언제나 세상은 세월과 함께
그렇게 모두가 지나가고 있다네

구름이 말하네

뭉게구름 호수에 발 담그니
솜사탕 되어 흐르는
보는 이의 마음 즐거워 나도 모르게…

먹구름 떼로 몰려
소나기 소리 합창으로 요란하더니
하늘은 어두워 번갯불이 대답일세

무지개 구름 쌍으로 비추니
저물던 날씨 고와 기쁘고
나 저절로 쌍무지개
바라보며 눈 감고 기도라네

놀 구름 산 넘어 하늘 높이 오르니
구름 사이로 보이는 저녁노을은
내일을 밝게 하니 모두의 기쁨이라네

하루

지난밤 꿈은 사라지고
어둠에서 길을 찾았으나
달님 그림자가 웃어

하늘은 자기 멋대로
햇살 속에 반가움이 넘치고

때로는 바라던 빗방울이 반기고
늦게나마 천둥소리 울려주니
놀란 가슴이 두근거리지만
그렇게 오늘도 살아있음에…

너도나도 서로 쳐다보며
안녕이라고 인사라네

저무는 해는 그렇게 서산 너머로
인사 없이 간다네!

미소(微笑), 씩

거울 앞에서 내 얼굴
쳐다보는 순간
나도 모르게 내 모습에 반겨, 씩

이발한 손자 고와서
곱다고 하니 부끄러워서
입이 커지면서, 씩

기다리다 지쳐 졸고 있는데
낚시찌 오름에 눈 번쩍
낚싯대가 휘청 무거우니 나도 모르게, 씩

퇴직한 어르신 통장에
매달 연금 들어오니 은행 가서
확인하는 날 나도 즐거워, 씩

매일 만나는 이웃집 꼬마
엘리베이터에서 만나 안녕하고 인사하면
손에 입 대고 고개 숙이면서 눈인사, 씩

나도 모르게

언제나 무시로
생명 붙어 있는 것에 감사하고
아침에 일어남에 만족한다네

혼자 있어도 외로워하지 않으며
남에게 욕 보이지 않으니 고맙다네

매일 햇빛과 바람맞으며 즐거움 맛보며
모두에게 주어진 시간 동일하나
알뜰히 쓸 줄 아니 마음이 넓어지고 고맙다네

갈 곳 하나 있음을 알아
그날까지 나도 모르고
기도하니
마음은 넓고 고와라

가로등

해 떨어지고
별 오르기 전
하나씩 밝혀지니

세상은 또 다른 일을 맛보게 되네

긴 그림자로 짧아지고
건널목에 서서 선남선녀 두 손은 한 몸이 되어
사랑 노래 마음속으로 합창이니

물끄러미 내려다보는 가로등은
햇빛 오를 때까지

그렇게 묵묵히 제 길로만 가고 있다네

논두렁 놀이

먹구름 덮인 하늘 기다려
내리는 비 받아 다랑논은 산다네

곧은 논두렁은 없어도
굽은 논두렁은 드문드문 심은
여름 푸른 콩잎에서 무당벌레 짝짓기 하고
그늘에서 논 메뚜기 쉬는데
사마귀 눈독이 심하니
낮잠이나 오겠나

가을이면 고추잠자리 붉은빛 고와
단풍길 여는데
논 꼬마들 손에 든 유리병 속에는
논 메뚜기가 살찌우네

자랑일세

나뭇가지 끝에 매달린 잎사귀
바람에 나부끼며 이야기 나누는데
작은 잎은 바람 받고 햇볕 받아
몸을 키우는 일에 자랑일세

뿌리에서 물 올려주면 말없이 받아먹고
가을 단풍 들면 적, 황, 황토 뽐내고
떨어진 잎사귀 밟으면
싸각 싸각 소리 옛 추억 맛보니

썩으면 몸 키우고 비료로 보답

세월 따라 할 일 많아
힘들어 보이지만
말없이 웃으며 사라지고 또 핀다네

참 고와라

이른 봄이면 해마다
뜰 아래 피는 제비꽃
여름 긴 장마에 천둥소리 이어지고
가을이면 단풍놀이 마다하며
바람에 바람나 소리 없이 사라졌다가
겨울이면 밤마다 별과 사랑하며
낮이면 먹구름과 함께
눈밭 속에서 속삭임 속에서
사뿐히 남녘 봄바람 맞으며
고개 숙여 부끄러워 피니
나는 해마다
너를 보고 눈인사로 반긴다네 참 고와라 하고

그림자 친구

나도 모르게 일면
부끄러워 앞에 서지 못 하고
따라오네
걸으면 천천히
뛰면 나보다 빠르지는 못해도
얼마나 예의가 바른가
내 키보다 컸다가
작아졌다가 함께 놀며 즐기다가
빛 가면 인사도 없이
사라지는 나의 친구여

[5부]

너는

언제나 내 마음속의 속삭임
잠에서는 꿈속에서 보이고

눈 뜨면 항상 착시로 이어지며
바람 불면 소식에 귀 기울이고
비 내리면 나도 모르게 걱정되는 뛰는 가슴

대문 소리 나면 나도 모르게 벌떡 일어나
현관문 열어보고
기다리다 못해

매일 편지함 들여다본다네
너는 내 마음속에 돗자리 펴고
자리 잡고 있으니
대답이라도 확실히 하였으면!

토담 길 물오르네

넝쿨이 오르네
뿌리지도 않았는데
알아서 오르고 있네

보이지도 않던
잎은 웃음으로
우리를 반기며
높임을 알려주어 고마워라

언제나 때 되면
곱게도 피어 나에게 알려
푸르름의 내일을 약속하네

지나온 시간 즐거움은
어디서 오는지 알지 못하지만
어렴풋이 너의 시선에서 알리니
토담 길은 그렇게 나에게 이야기하며
시원한 바람 소리에 내일을 약속하네

길

곧은 듯 굽어져 안개에 묻혀 사라지고
마음 오솔길은 한결같이 곧고 곧아
나도 모르게 힘인 걸

날아서 보면 끝도 없이 한 줄기 선(線)
누구와도 함께 갈 수 있는 동행(同行)

힘 받은 길은 검고 넓으나
네 발 짐승에는 로드킬(road kill)

오솔길은 지게꾼의 꿈과 함께이나
고달픔의 연속

물 막은 논둑길은 쥐구멍이 터뜨리고
베장방이 촌놈의 손으로 땜질이니

길은 세월 흘러 낙엽이 먼지 되어 날아 올라도
언제나 그곳 한자리를 차지한다네

날마다 하늘 별과 이야기하면서
멀다는 말에 짜증 모르니

자네는 언제나 일이관지(一以貫之)

강물 타고 가는 뭉게구름

한없이 생기가 돈다네

강물, 뭉게구름은 보는 이의 마음잡아
푸르름을 넘어 싱그러워

내린 길로 흘러 홀로 가니
나 좋아 저절로 불러보네

야호라고

때로는 곤두박질에 몸 부서지고
고요해지면 고운 자연화(自然畵)

뭉게구름은 강물 따라 고와
그림자도 없이 맑은데

바람결에 씻기면 은(銀)구슬 튀고
지워지면 홀연히 웃음일세

옛 얼굴로 자세 잡히면 내 얼굴 비추어
오늘도 두 자네와 마음 함께이니

새옹지마(塞翁之馬)에
보는 이마다 금상첨화(錦上添花)일세

노란 저고리, 분홍치마

꽃신을 신었다네
꿈속에서나 타 본 꽃가마를 타니 나는 듯

뒷동산 산비둘기 입맞춤에
즐거움이 넘치는데

살랑바람 꽃씨 날려 훨훨 나르니
세상은 모두 나를 반겨 날갯짓이라네

마음은 항아리같이 부풀어
즐거움으로 가득한데

앞으로 닥칠 일은 먹구름같이 무거워
흰 서리 맞은 고춧잎 같으니

노란 저고리, 분홍치마 손등 닦아
솔기만 남을 때까지

첫 만난 이와 함께 같은 마음으로
오로지 오래 하나였으면 …

가시(아내)

아직 철이 덜 들었네 씹으니 떫어
먼 동이 트기 전 물동이 이고
늦잠꾸러기 반딧불이 졸고
별빛이 흐려지기 전
꽃술에 이슬이 맺힐 때

물안개에 가려 보이지 않은 먼 산에서
바람이 일면
보리밭 구수함이 콧등을 넘나드네

가시(아내) 노란 저고리

흐린 무지개 빛깔 될 때쯤이면
대들보 아래 벼슬이 늘고
샘터에서 자식 자랑에 열 올리니

이제 철들어 많은 씨앗 토하여
자짜리 세월 낚았다네

다랑논에 피는 꽃

눈에는 선(線)도 고와라
발품으로 일궜구나

삶은 고달프나 마음씨는 옛 이나
지금이나 비길 데가 없이 착해
어려움을 참은 고마움은 으뜸이요
서로 나누는 생각은 본성이니…

손바닥에 넣어도 차지 않을 풀싹이지만,
그릇은 커 함께라네
시간은 지나도 언제나 그 자리
하늘빛 맑아 깨끗함의 극치(極致)

고랑마다 졸졸 이야기가 꽃피고
사랑하는 마음 변치 않고
가슴에 담아 흐르니

바늘귀 실 꿰어 아기 적삼 만드듯
정성이 끝도 없으니
밤이면 밤마다 꽃씨 뿌려
오래오래 기쁨으로 이으리

낮, 밤, 별빛

동산에 빛 오르니
부엌 바빠지고
숟가락 놓자마자
등 뒤 가방이 덩실덩실 춤 추네

빛 가린 지하칸에는
서나 앉으나
손바닥 놀이에 정신 팔려
재미 웃음에 넋 빠지고

동산에 빛 내리니
도시는 줄기 빛에 네온사인 빛인데
시골은 반딧불 빛 마른번개 빛이라네

별빛과 함께 잘도 어울려
넓은 세상 고요히 꿈으로 잠들게 하네

산에 들면

푸른 그림자에 가리어
내 그림자는 없어도

부자가 따로 없네
양팔 벌려 안으면 다 내 것인 걸

산비둘기 노랫소리 산울림으로 돌아오니
발걸음 가벼워 등에 멘
가방 즐거워 춤추네

자연(自然)은 부족함 없이
풍부(豊富)함만 가득하니
주는 것으로 만족함을 알고 있어
우리 모두 배우지 않아도 저절로 익혀
다 함께 기쁨으로 가고 있다네

창 너머 보이는 것은

바닷가에 살면 바다만 보이지 않고
눈을 들면 물 위에 꽃구름 낀 것도…

가까이 파도 소리 들으면
갈매기 우는 소리 즐거운 노래…

꿈은 머릿속에서 춤추고
손잡고 마주 앉은 연인의 아름다움을
보는 이의 마음 훈훈케 하네…

바다에 물든 저녁노을은
산 넘어가는 해님 오늘 끝내니
다음 세상은 이렇게 맑고 밝게…

그렇게 창 너머에는
바닷바람이 내 입술에 맛을 남기네

반갑고 고마운 손님

몇 날 며칠 대지를 뜨겁게 달구어
저수지 바닥 배꼽이 보일락 말락일 때

하늘을 쳐다보고 원망일세
갑자기 소식도 없이 천둥번개 소리에
먹구름이 쏟아지더니
소낙비 며칠 동안 비 쏟아지니

반갑기 그지없고
고맙기 한량없네
그렇게 큰 소리 지르고 온 손님
대지를 녹여 우리 모두를 살리네

매일 밤 침실에 들면
쓸데없는 잡념으로 뒤척이다가
잠 못 이루고 천장만 쳐다보는 이 마음
어찌할 바 모를 때

어머니 무릎 베고 성경책 읽어주시니
나도 모르게 슬며시
반가운 손님으로 오심으로 잠들어지니

그 힘은
어디에서 오는 것일까?

하얀 함박웃음

누군가가 자기 몸을 던져
흰 바닥 눈 위에 누워 하트를 그렸네

점점이 발자국은 선명한데 멍멍이라네
보는 이의 입술은 가는 웃음으로

세상은 밝은 백색인데 차가운 바람 맛은
적막(寂寞)일세
이때가 아니면 볼 수 없는 쓸쓸한
풍경이니

곧 산들바람 부는 훈훈한
세월이 다시 올 것을 생각하니
나도 모르게 함박웃음으로
기쁨이라네

망각(忘却)의 고향(故鄕)

버드나무 물오르는 오월이면
풀피리 불던 생각 꿈만 같고

두멍 얼음 녹으면 개구리알
덮은 생각 간절하네

저녁노을 질 때엔
집집마다 굴뚝에서
흰 연기 피어오를 때쯤이면

나무하러 간 지게 위에 꽂힌
진달래꽃 사랑이 넘치네

여름이면 개울 가두어 피라미 잡고
물장구치며 싸움박질에
해지는 줄 몰랐으나
서로가 함께 웃으며 어깨동무라네

세월 속에 들면

어두워지면 그리움이 스며들고
마음이 고우면 살아감이 너그럽듯이
즐거움 커지면 우리 모두 함께라네

병아리 닭 되고
올챙이 개구리 되듯

시간의 흐름을 곱게 보면
지남이 아름답고

미래의 향기가 꽃 핀다네

샘이 도랑 되고 강 되어 바다 이루어
바람 타고 흰 파도 크게 이루듯

시간은 그렇게 흘러
모두의 세상으로
살맛 나게 바꾸어 간다네

오늘

신발 끈을 질끈 동여매는데
엄마 등에 업힌 꼬마가
하는 말 안녕

말 끝에 아빠라고 하는데
웬일인지 눈에 눈물이 고이네

바람 불어 꽃피우듯
물길 따라 세월 가는데
나도 모르게 두 팔에 걸려있는
가방 무게가 무거워진다네

계단 뛰어내려 지하철 급히 타보니
만원인데 한 학생이 자리를 비워주네
괜찮다고 목인사 하는데도
기어코 자리를 비켜주니
나도 저런 때가 있었지

살다 보면

출근길 길 옆 숲속에 홀로 핀 흰 민들레꽃을
보고 웃음 짓는 이는
하루의 행복 맛을 안다네

비 오는 날 한 우산 속에 두 손 꼭 잡고
함께 가는 이의 뒷모습만 보아도
마음 뭉클하면
사랑 노래 끝 알며 마음은 깨끗하다네

봄
여름
가을 지나 겨울 문턱

내년을 설계할 때,
크리스마스 캐럴 송 들으면
더욱 힘이 나 걸음걸이가
빨라진다네.

삶이란

창문을 열면 밝은 햇빛과
시원한 바람이 스며들어
우리를 맞이하듯

우리의 힘으로는
버릴 수 있는 날씨가 없듯이, 항상
빠르게 알려주듯
보이는 것만 추구하지 말고

보이지 않는
일의 결과가 아닌 과정을 중히 여겨
살피다 보면 내면의 행복이
살며시 옆에 함께 하고 싶어 한다네

그리움은 삶의 본능이듯

잊어서는 안 되는

너와 나의
사랑의 품으로 안기듯
그렇게 살아간다네

초안산을 바라보며

구름 안개 걷히니 푸르다 못해 검어
지나면서 저마다 하는 인사 안녕
임금 계신 곳 서쪽 하늘 바라보며 못다 한 일
계속하고 싶어 신하 된 자의 자세로
천여 기의 묘실
죽어서도 당신 계신 서쪽 하늘만 바라보네

산 자는 매일같이
당신 마음과 함께 오르니
표고 천여 미터의 산길은
언제나 고마움으로 넘치네

봄
여름
가을
겨울

우리와 함께하니 더욱 새롭고 고마워라

힐링(healing)이라네

솟구치다 처박히네
어이쿠 소리치며
낚아채니 웃음꽃이 만발

벌떡 일어나 하는 말 월척이구나
손이 부들부들 떨리는데
눈은 한곳을 주시하며
그럼 그렇지 힘 나는 손의 맛은
생기가 돈다네

찌맛
손맛
살려주는 맛

이렇게 하루는 즐거움으로
힐링이라네

[6부]

빛이라네

가득 채우고도 넘쳐
끝이 보이지 않아
깊이조차 알 수 없으니

그림자 앞에 나타난 모습은
우뚝 솟아 장엄하다 못해
근엄하다네

무지개 뜨면 일곱 색으로 물들어
보는 이의 마음 가득 채워주고

쌓인 빛은 열받아
사랑으로 자라니
세상은 행복으로 이어져
그렇게 언제나 즐거움으로 넘치니

자유, 평화, 행복으로 이어져
당신 없이는 살지 못하는 세상으로 빛나네

꽃을 보면

마음의 안정과 즐거움을 느끼며
작은 꽃잎 하나하나에 박힌 꽃술은
작아도 밝은 빛을 주니
색의 변화와 부드러우면서도 아름다움의 끝이니라

하늘을 우러러보는 너의 자세는
보는 이로 하여금 새로운 세계의
맛을 맛보게 한다네

작아도 너에 대한 위대함이야 무엇에
비교되리오
우리 마음에 안긴
최대의 위로임을
알게 한다네!

흘러 흘러

강물은 흘러 흘러 세월 잊은 듯
물에 그림 그리고

오늘도 어제처럼 저녁노을 묻힐 때
마음의 소리로 나도 모르게 눈시울 적시니
구름은 제 알고 위로라네

시간은 계절의 흐름으로
무지개 색깔로 변해
세월 낚아
마음속 깊은 추억으로 남으니

힘차게 용기 얻어 나도 모르게
흘러 흘러 내일을 보게 하네

빨랫줄에 바지랑대(掛竿)[5]

두레박 물 길어
볏짚 태워 내린 잿물에
담긴 빨래가 곱게 씻겼다고
좋아
공중에서 덩실덩실 춤이라네

쳐다보는 어미의 깨끗해진
마음은 고와라

때 뺀
검은
푸른
흰색은
제빛 찾았다고 자랑일세

봄이면 제비 날아와 둥지 틀어 새끼 불려고
빨랫줄에서 짝짓기하고

5) 빨랫줄을 받치는 장대

가을이면 가오리연 꼬리가 바지랑대
가지에 걸려 매달려
찬 바람에 너풀댈 때면
세월의 긴 그림자는 아주 길어져
멀어져

새해를 약속하며 떼 지어 날갯짓이라네

소나기 삼 형제

맏이
줄기 풀이 넘어가고
전신주가 우네
땅에 뒹구는 낙엽은
아직 세차함을 모르는데
기운이 어깨를 누르니
무언가 올 것 같구먼

쌍둥이
먹구름이 닥치더니
길가 깡통이 비행기를 타고
도랑물 토해 범벅이 되니
어둠에 벼락 치는 소리
문고리 잡고
천둥 번개에 마음 날아가니
아우가 형보다 세네

막둥이
세상을 싹 쓸어버리고
깨끗함만 맛볼 수 있는 힘 가진 자
항상 두려워 떠는 자

무엇을 잘못했기에
원죄인이 되어…

바람은 따스함을 맞아
언제 그랬느냐
하는 모습으로 제자리를 찾네

물의 예찬(禮饌)

내림은 대지(大地)의 축복(祝福)
가뭄은 대립(對立)의 근원(根源)

형(形)은 없어도 틀로 알리고
방울이 모여 큰 뜻 이루니
모양은 한없이 넓고 깊어
언제나 새로움으로 알리네

갈 길을 내어 오르내림을 맛보며
소리로 알리니 깨달음이 여기에

생명의 끈으로 이어지니
목마른 사슴이 물을 갈구하듯

욕망에 찌든 우리가 성수(聖水)에
젖어 말씀에 녹아내려
참사랑의 그 길로 함께라네

물의 연주(演奏)

고요함은
물에 비춘 구름 소리
바라보면
대답 없이
콧등에 와닿는 엷은 미소

여울이면 재잘재잘 마디 소리에
버들치 사랑 나누는 즐거움
지나는 바람 부러움에 입맞춤일세

미처 준비도 없이
내려 곤두박질에
떨어지는 벼락 소리
웅장함
흰빛으로 물들면
천상의 하모니
박수 소리 넘치는 갈채(喝采)

반려(伴侶)의 힘

육체와 마음을 안정시키고
생활에 활력을 주며
정신적으로 힘을 받아
하루하루를 즐겁고 즐겁게…

만나면 같은 생각과 같은 생명을 느끼고
다가오면 반가워 안아주고
외로울 때 친근감을 주며 반기니

혼자가 아닌 함께라서 고마워

오늘도 내일도 그렇게 너와 함께라네

님이여

감사합니다
모두를 보고 고마워 인사하고 싶으니
그대 마음도 나와 함께이겠지…

멀리 있어도 언제나 가까운 마음으로
이내 가슴 묻혀 있으니…

바람 타고 오는 봄바람에 내 마음 맡기듯
밤마다 보는 등불이건만
그대 얼굴빛으로 보이니 고마워라

지쳐 게으름 피울 때
임 생각 힘입어 다시 일어나 걸으면
뛰며 반기는 수노루처럼

하늘 멀리 아름다운
꽃씨 날려 새싹 틔우듯

함께 가고 있으니
언제나 그렇게 안녕 님이여!

정(情)

사귐이 깊어 더해가는 친근함
남이라 여기지 않을 만큼 두터움
남녀 간의 뗄 수 없는
주고픈 마음

정지 상태가 아닌 아름다운 마음의 연속,
연속
보고픈 마음이 간절
마음속 깊이 새겨진 샘물 같은 흐름
색동저고리 마지막 손질에 있는
옷고름의 맛

넘쳐흐르면 쏟아지는 눈물

옛 고향 냄새

으렁 으렁 마당에서
회전 탈곡기 겨울 채비
가을 설거지 그립고

도리깨질에 말린 콩깍지
두들기는 소리 들리는 듯

서리 내리고 진눈깨비 내리면
누린내 나는 아랫목 이불 밑
놋그릇에 담긴 밥그릇 따스함에
어머니 큰마음 고맙소

세월 나도 모르게 흘러 흘러
지붕 서까래는 무너지고
앞마당은 잡초밭으로 물들어 있으니

옛 그림만 쓸쓸히 남아
기다리는 마음은
바람 소리가 대답일세

꿈에서라도 옛 노래
불러보고파

꽃의 미학(美學)

보면 즐겁고 따사로움을 맛보네
계절 따라 햇빛 따라 바람 따라
뭉쳐있으면 웅장하고
홀로 있으면 벌과 나비와 함께 친구라네

나무 꽃은 년에 한 번 피어 시들지만
일년초 풀에 피는 꽃은 때 따라
연속으로 피니 더욱 반가워라

볼 때마다 아름다움을 넘어
꽃의 향기에 취해
마음속에 있는 순수한 아름다움으로
우리는 깨끗함에 순화된다네

들꽃 이야기

보노라면
가마솥에 깨 볶는 소리가 들리는 듯
웃음이 절로라네

언제부터인가 알 수는 없지만
심은 자도 없는데
때 되면 앞서거니 뒤서거니
차례도 없이
신명 나게 잘도 자라고 핀다네

색은 조화를 이루어
천연색으로 물들고
보는 이마다 반기니

들꽃은 언제나 그 자리에서 피고 지지만
보는 이의 마음은 하늘에 구름 가듯
말없이 가고 있다네!

네 잎 클로버(복 많이 받으세요)

붉은 해는
매일같이 오르지만
때 지나 한 해 저물 때면

새해 인사
누구나 하는 말 복 많이 받으세요

듣는 이 마음 가는 파도 일지만
올해는 더욱 강하게 큰 파도 넘쳐
마음다짐 강하게 피네

잎사귀마다 매달린 행운을 찾아
세 잎사귀 뒤지고 뒤져
네 잎사귀 찾을 때

기쁜 마음은 나도 모르게
희망의 나래를 훨훨 날아오르니
새로움으로 맛보게 되니
새해 꿈은 더욱 밝아진다네

흙이라네

먹거리 채워주고
들풀, 산나무 키워
보니 즐겁고
오르니 풍성하다

땅끝에는 지평선의 선이 깨끗하고
우리의 생명줄 키워 먹이고
자라게 하니 으뜸일세

삶에 벗이니 아름다워
언제나 제자리에서 굳게 자리하니
바라만 보아도 믿음이 간다네

파도

나라 살림 궁해져
못 살겠다 물러나라고 외치던 동학은

외세에 밀려 송두리째 나라 잃느니
우리의 말, 글, 이름까지 빼앗겼으나

태평양 물결에 밀려

정신 차린 백의민족
자유를 알고, 민주주의 꽃 되어
살림살이 국방력 세계 상위에 오르니

우리의 저력 모범으로 꽃피우니
세계인이 따르려 하네,

자만에서 벗어나
굳센 마음으로 가세나

도랑이 내 되네

작음이 모이면 커지고
새끼줄도 꼬이면 밧줄 되니
힘은 모여야 되고
정은 깊어야 된다네

도랑이 모여 내 되니 합쳐서
강 되고 바다 되니

즐거움으로 살기 위해 파도 되어
토하니 백색으로 살찌우네

보는 이의 마음은 부(富)하고
넉넉한 세상으로 길들여지니

오늘도 흘러 흘러
즐겁게 내일을 바라보면서
가고 있다네!

시계는 착각 착각

착각(錯覺) 착각 잊고 있구먼

모두를 알고 있으면 머리가 어지러워
쉬어나 가세

아름다움은 미의 씨앗이요
슬기로움은 지식의 샘이라네

모두에게 주어진 시간을 잊고
덤벙대니 어찌하리오

자연은 위대해
나도 모르게 변하여 우리를 살리는데

너도나도 욕심나 마구 쓰니
버틸 시간이 없구먼

동물 반려의 사랑을 넘어
자연 반려의 사랑으로
우리를 경고하고 있으니!

자연의 축복과 재앙

그대로 두면 축복인 걸
갉아먹으니 재앙이라네

인구의 증가도 문제지만
편히 살려고 흠집 내고 깨부수고
땅속까지 퍼 올려 지구를 말려 놓으니

우리 세대까지는 그럭저럭 살겠지만…

앞으로 올 다음 세대는 어떻게 하라고
근심 걱정을 넘어
생존의 문제를 넘어
멸망의 문제인지라

우리 모두 지혜를 좇아
자손만대에까지 살 수 있는
행동으로 실천하기를 바라며!

지금은 봄

전신줄 울음소리는
인사도 없이 가버리고

돌방구 사이에 피어나는 제비 꽃잎은
고개 숙여 빙긋이 인사를 하는데
바람 맛은 살포시 입술을 적시네

구름은 저만치
부끄러워 물그림자 속으로 빠지고
온기는 한층 부드러워지고 있다네
땅속 얼음꽃은 새벽이면 피었다가
사랑방 헛기침 소리에 놀라 떨어지니
벌써 해도 충천에 떠 세상 밝힐 때

황금보다 귀한 지금이니
이렇게 모두 기지개 펴
힘차게 나도 모르게 사립문 열어젖히세

• • •
추천의 글

은유와 상징으로 삶을 통찰

국중홍_시인

홍순제 시인의 세 번째 시집 『곁에 있고 싶어』를 읽으면 읽을수록 마음이 편안해진다. 왜 그럴까? 곰곰이 생각해 본다. 그것은 고향, 추억, 경험, 풍경, 친구, 구름, 사계절, 바람, 나무, 그리고 꽃과 감사하는 마음 등 일상이 소재가 되어 탄생한 시이기 때문이다. 스쳐 지나기 쉬운 영상을 사색의 창에 담아 마음을 녹여 만든 시어들로 고스란히 채우고 있다.

시인은 미수(米壽)에도 게으를 틈이 없다. 늘 부지런하다. 삶의 깊이를 다채로운 사유의 숲으로 끊임없이 가꾸고 있어 존경스럽다. 독자가 편안하게 감상할 수 있도록 배려하고 있는 듯하다.

어쩌면 홍순제 시인에게는 특별한 시력이 존재하나 보다. 자연을 통해 인간의 삶을 유추하는 통찰력과 함께 풍경들을 촘촘히 살피고 있다. 오직 홍순제의 시 세계에서만 찾을 수 있는 은유와 상징이 있다. 계속 읽다 보면 공통으로 발견할 수 있는 삶의 통찰이 눈에 띈다.

홍순제의 시 세계 한 모퉁이 어디쯤엔가는 그가 비워둔 흔들의자가 기다리고 있을 거라는 상상을 하게 된다. 조금은 어눌하고, 때로는 뒤처져도 전혀 개의치 않는다. 어느 사람이 귀 기울이지 않는 노래를 읊조려도, 그의 시들이 가만가만하게 지켜보아 줄 것 같다. 시인 만의 길을 가고 있기 때문이다.

시인은 '매일매일 생기는 새로운 물건, 언어, 놀이'를 자신만의 독특한 문장으로 만들며 춤추고 있다. 물질만능주의의 틈바구니에서 인간과 자연을 담담하게 노래하고 있다. 그리고 명상에서 얻은 여유를 시인만의 언어로 깨달음의 경지에 이르도록 안내하고 있다.

이 시집이 독자의 사랑을 많이 받기를 원한다. 아울러 홍순제 시인의 건강과 문운을 축원해 드린다. 그리하여 시인이 발전한 모습에 우리가 다시 놀랄 수 있기를 기대해 본다.

• • •
홍순제 연보

- 1936년 11월 10일
- 강릉 출생
- 관향 : 南陽洪氏 南陽君派 33代孫
- 호는 동곤東崑
- 강릉초교, 강릉상고 인문과 졸업
- 서울사대 체육교육학과 졸업, 고려대 교육대학원 졸업
- 육군 일등병 제대(교보)
- 40여 년 중고교 교사, 장학사, 교감으로 재직
- 효도상 표창(강원도 경찰국장, 54년)
- 우수 석사논문 조선일보 실림(77년)
- 교육부장관상 수상(85, 90년)
- 국민 훈장 동백장 수상(99년)
- 생활문학 41회 신인상으로 문단에 오름
- 시 부문 한국문인협회 회원

- 주소 : (우) 01421

서울특별시 도봉구 해등로 50, 301동 1208호

010-9819-0096, 02-3491-1810